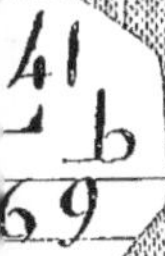
Lb 41
69

AF562305

RAPPORT
FAIT
AU CONSEIL EXÉCUTIF PROVISOIRE,

Sur la situation actuelle des Départemens de la Vendée, des Deux-Sèvres, Maine et Loire, et de la Loire inférieure.

PAR le Citoyen BAUDRY, Commissaire du Conseil Exécutif.

A PARIS,
De l'Imprimerie de la Gazette de France Nationale, rue des Marais, No. 2, Fauxbourg St.-Germain.

M. DCC. LXCIII.

RAPPORT

FAIT

AU CONSEIL EXÉCUTIF PROVISOIRE,

Sur la situation actuelle des Départemens de la Vendée, des Deux-Sèvres, Maine et Loire, et de la Loire inférieure.

Par le Citoyen BAUDRY, Commissaire du Conseil Exécutif.

Avant de rendre compte de la situation actuelle des quatre Départemens dans lesquels les troubles ont éclaté, j'ai pensé que pour mettre le Conseil à même de suivre le fil des événemens qui se sont succédés si rapidement, et d'une manière si alarmante, il n'était pas indifférent d'en faire connaître les causes.

Les troubles de la Vendée et des Deux-Sèvres ne datent pas précisément de l'époque du recrutement de l'armée. Ce recrutement n'a été pour les contre-révolutionnaires qu'un prétexte dont ils se sont servi pour accélérer l'explosion qu'ils avaient dès long-temps méditée. Depuis les décrets sur la réforme du Clergé et l'abolition de la Noblesse, les habitans des villes et des campagnes étaient sourdement travaillés par ces deux castes mal-intentionnées ; l'aristocratie dominait dans presque toutes les petites villes, les bourgs et villages de ce qu'on appellait autrefois le Bas-Poitou. Les Nobles se faisaient des partisans en répandant quelques bienfaits. Ils étaient puissamment secondés par cette tourbe chicanière de ci-devant Baillis, Procureurs-Fiscaux, Régisseurs et Huissiers, qui, par l'abolition de la Féodalité, voyaient disparaître tous les moyens de satisfaire leur insatiable cupidité. Les Prêtres, abusant de l'ascendant qu'ils avaient sur un peuple qui tremblait à l'aspect d'une étole, s'efforçaient de lui faire considérer le nouvel ordre de choses comme le renversement de toute religion. Sans doute qu'il eût été facile d'arrêter, dès leur naissance, les progrès d'un mal contre lequel les sociétés populaires, qui en prévoyaient les conséquences, ne cessaient de se recrier; mais les Corps Administratifs et les Tribunaux, travaillés eux-mêmes par un ministère pervers, étaient sourds à la voix du patriotisme, et ces Corps, dont la plupart étaient mal composés, loin de réprimer l'audace des malveillans, semblaient, par leur coupable indifférence, autoriser leurs excès, en leur assurant l'impunité. Déjà des révoltes partielles avoient éclaté en 1791 et 1792, dans les Départemens des Deux-Sèvres et de la Vendée; plusieurs coupables avaient été arrêtés, ils ont successivement été relâchés, sans qu'aucun ait été puni. Les Prêtres et les Nobles recommencèrent leurs criminelles manœuvres, et bientôt l'esprit public fut entièremeut perverti.

Telle était la situation de la majeure partie de ces Départemens, lorsque la loi sur le recrutement leur fut envoyée. Cette loi qui, dans tous les autres Départemens, fut exécutée avec autant de dévouement que de célérité, fut pour ceux-ci le prétexte, ou plutôt le signal de la rebellion. Les instigateurs, qui jusqu'alors avaient tramé dans les ténèbres leurs perfides complots, saisirent le moment où toutes les Communes étaient assemblées, pour y envoyer des émissaires et semer par-tout le feu de la révolte; bientôt un grand nombre de Municipalités furent en insurrection, celles qui avaient résisté furent obligées de suivre le torrent, et l'on vit pour ainsi dire au même moment quatre Départemens contigus, c'est-à-dire, la Vendée, les Deux-Sévres, Maine et Loire et la Loire inférieure, en proie à toutes les horreurs d'une guerre d'autant plus déplorable, que ces rebelles étaient, avant les troubles, des hommes doux et paisibles, des agriculteurs laborieux, que le fanatisme seul pauvait égarer. Cependant ces rassemblemens faisaient chaque jour de nouveaux progrès, les gardes nationaux marchèrent de toutes parts pour les dissiper; mais comme les rebelles occupoient une surface considérable, que des rassemblemens partiels se montraient, pour ainsi dire, sur tous les points, il fallut d'abord les circonscrire pour les empêcher d'étendre leurs ravages sur les lieux circonvoisins. On occupa donc les postes environnans qui présentaient quelques moyens de défense, jusqu'à ce que les renforts, que l'on attendait, eussent mis les Généraux divisionnaires en état d'agir, et ce qu'il n'est pas inutile de remarquer, c'est que, pendant plus de six semaines, c'est-à-dire, jusqu'à la trouée qu'ils firent sur Argentan-le-

Château, Bressuire, Thouars et Parthenai, cette circonvallation, toute faible qu'elle était, les avait constamment tenus en échec. Jusqu'alors, si l'on en excepte les déroutes de Coron, Beaupreau et Saint-Colombin, nous avons toujours eu l'avantage dans tous les combats qui se sont livrés, et j'ose attester que jamais les brigands n'ont battu les soldats de la République; ils ne doivent leurs succès momentanés (qui pourtant leur ont coûté cher) qu'à l'inexpérience, et sur-tout à la terreur qui s'est emparée des habitans des campagnes, dont la plupart étaient des pères de famille qui, sans doute, avaient plus consulté leur zèle que leur courage. En effet, ces habitans, qui faisaient la plus nombreuse partie de notre armée, plus accoutumés à manier le soc et la bêche qu'un fusil, ne pouvaient entendre sans frémir la détonation des bouches à feu. La plupart étaient frappés d'épouvante au premier coup de canon, et bientôt leur fuite précipitée entraînait celle de ceux qui, plus aguerris, auraient combattu avec courage, s'ils avaient été soutenus. Telle est la véritable cause des avantages qu'ils ont remportés; ces avantages ne peuvent donc être attribués ni à la force de leurs armes, ni à leur tactique, ni même à l'intrépidité avec laquelle quelques fanatiques se sont précipités sur les canons. Par-tout où nos gardes nationaux n'ont point été abandonnés, les brigands ont été repoussés avec perte; j'ajouterai même qu'ils n'ont jamais pu résister à une attaque de vive force, quelque nombreux qu'ils aient été. J'ai cru que je devais cette justice à nos braves gardes nationaux, qui ont constamment donné des preuves de courage et d'intrépidité. Sans doute qu'il s'est trouvé dans le nombre des lâches, et peut-être des traîtres; c'est une fatalité malheureusement attachée à toutes les grandes révolutions. Eh! qui ne sait que, sans les traîtres et les lâches, la République auroit déjà triomphé de tous ses ennemis; au reste, les renforts qui sont arrivés dans la Vendée et dans les autres Départemens occupés par les rebelles, les troupes expérimentées qui déjà ont fortifié les différens postes de nos armées, l'ardeur et le courage qui animent nos bataillons de Paris et ceux venus des frontières; enfin la noble émulation qui va s'établir dans l'armée, quand tous les corps seront réunis, nous assurent d'avance que l'armée contre-révolutionnaire sera bientôt anéantie. Mais je dois observer que, pour obtenir un prompt succès, il ne suffit pas de faire marcher les divisions en masse, il faut du concert et de l'ensemble dans les mouvemens, et sur-tout la plus grande célérité. Il devient donc indispensable de faire camper les principales divisions qui devront agir. Il faut que ces divisions forment autant de camps volans, toujours prêts à se porter avec vîtesse sur les points menacés. Plus de cantonnemens; cette manière de faire la guerre, même dans un pays coupé, est toujours lente et vicieuse; elle force à subdiviser la troupe en petits détachemens exposés à des surprises, distrait le soldat et ralentit les mouvemens des colonnes, par la difficulté de réunir les différentes troupes qui doivent les composer; sous la toile, au contraire, la troupe est comme si elle était bivaquée; le soldat est sur le *qui-vive;* les gardes du camp ne dorment que d'un œil; les patrouilles éclairent, et, au moindre signal, la troupe est en bataille.

Je ne prétends point ici tracer à nos Généraux la marche qu'ils doivent suivre : ce sont de simples réflexions que je soumets à leur prudence, et j'ai pensé qu'il pouvait être permis à un vieux soldat, qui n'a pas toujours couché à l'ombre, de raisonner sur un métier qui ne lui est peut-être pas étranger. Au reste, la guerre que nous faisons, n'est pas une guerre ordinaire; c'est, si j'ose m'exprimer ainsi, une guerre de contrebande, où les règles de l'art doivent être subordonnées aux localités, aux efforts qu'on nous oppose, et sur-tout aux moyens qu'emploie l'espèce d'hommes que nous avons à combattre; et c'est ici le moment de les faire connaître. Si l'on ne considérait les rebelles que sous leurs rapports physiques, sans doute que les masses qu'ils nous présentent dans leurs nombreux rassemblemens ne seroient pas imposantes; mais si on les considère sous leurs rapports moraux et politiques, on sentira bientôt combien ces masses pourraient devenir redoutables, si on leur donnait le temps de s'organiser. J'ai déjà dit que tout le territoire qu'ils occupaient était en pleine rebellion, et si jusqu'ici ils n'ont pas fait de plus grands progrès, c'est qu'ils manquaient d'armes et de munitions. Or, voilà de quelle manière se forment leurs rassemblemens : quand les Chefs méditent quelques expéditions, ils dépêchent des couriers dans toutes les Communes qui environnent le point où l'on doit se réunir; comme dans chaque Commune il y a des Comités contre-révolutionnaires, et que ces Comités sont formés en partie par les anciens Officiers Municipaux, ces Comités, au premier ordre, font sonner le tocsin dans toutes les paroisses de leur arrondissement, et comme les habitans sont toujours en réquisition permanente, chacun s'arme d'un fusil, d'une faux, d'une fourche ou d'un bâton, et le Chef de la Commune conduit sa troupe au lieu indiqué. Quand toute cette multitude, qu'ils appellent *Armée Chrétienne*, est assemblée, les colonnes se mettent en mouvement, et cette armée se grossit ou se diminue en raison des distances qu'elle doit parcourir. Par exemple, si le rassemblement doit être composé de 8000 hommes, et que les Chefs aient calculé sur ce nombre pour l'expédition qu'ils méditent, ils ont soin de requérir toutes les Communes qui se trouvent sur leur passage, afin de remplacer successivement ceux qui, se voyant trop éloignés, abandonnent l'armée pour retourner dans leurs foyers; de manière qu'arrivés sur le lieu où doit se former l'attaque, cette armée, qui s'est recrutée en route, se trouve toujours complette, quoiqu'il ne soit pas resté un quart de ceux qui composaient le premier rassemblement. Quant à leur manière de combattre, on a pu voir dans ma Correspondance, que toute leur force consiste dans un certain nombre de tirailleurs, qui s'étendent de droite et de gauche en avant du front de leur corps de bataille; ils ont quelques troupes de cavalerie assez bien montées; mais l'espèce d'hommes ne vaut rien; ce sont pour la plupart des Piqueurs, des Garde-chasses et d'anciens Employés de la ci-devant ferme générale. Ces cavaliers sont armés de carabines, ils tirent à cheval, et ne tiennent point à la charge, parce qu'ils craignent de se mesurer avec nos hussards et nos dragons, le sabre à la main.

Tel est le résultat des observations que j'ai faites pendant les deux mois que j'ai parcouru les quatre Départemens dont je connaissais déjà les localités. J'en réfère pour les autres détails à ma correspondance, dans laquelle j'ai successivement rendu compte des événemens de cette guerre étrange, qui, je l'espère, ne peut être de longue durée. Nous avons maintenant des forces imposantes, et je ne doute point, qu'agissant de concert, elles ne parviennent bientôt à dissiper cette horde de contre-révolutionnaires; mais, je le répète, une fois lancés, il faut les suivre avec vîtesse, et ne les abandonner que lorsqu'ils seront aux abois : alors on pourra distinguer les vrais coupables de ceux qui ne sont qu'égarés; alors, dis-je, on pourra punir les uns et renvoyer les autres dans leurs foyers.

A Paris, le 4 juin 1793, l'an 2e. de la République Française.

BAUDRY.

www.ingramcontent.com/pod-product-compliance
Lightning Source LLC
LaVergne TN
LVHW010311230826
846091LV00007B/3106

* 9 7 8 2 0 1 3 2 5 1 4 2 6 *